LE
CINQUANTENAIRE ACADÉMIQUE

DE

M. Charles LUCAS

A l'Académie des Sciences Morales & Politiques

A la Société Générale des Prisons

Et au Conseil Supérieur des Prisons

PAR

M. Pierre BUJON

OFFICIER D'ACADÉMIE

PARIS

ALPHONSE PICARD, ÉDITEUR

82, RUE BONAPARTE, 82

—

1887

LE
CINQUANTENAIRE ACADÉMIQUE

DE

M. Charles Lucas

A l'Académie des Sciences Morales & Politiques

A la Société Générale des Prisons

et au Conseil Supérieur des Prisons

PAR

M. Pierre BUJON

OFFICIER D'ACADÉMIE

PARIS

ALPHONSE PICARD, ÉDITEUR

82, RUE BONAPARTE, 82

—

1887

TABLE RÉCAPITULATIVE

CÉLÉBRATION

DU

CINQUANTENAIRE ACADÉMIQUE

DE

M. Charles LUCAS

PAR L'ACADÉMIE DES SCIENCES MORALES ET POLITIQUES

A la séance du 26 février 1887

Après avoir publié en 1827 sous le titre : *Du système pénal et répressif en général et de la peine de mort en particulier*, l'ouvrage couronné dans les deux concours ouverts en 1826 par le comte de Sellon à Genève et par la Société de la Morale chrétienne à Paris, M. Charles Lucas résolut de consacrer ses études à remplacer le système pénal dont la peine de mort avait été la clé de voûte pendant tant de siècles, par un système répressif et pénitentiaire basé sur la captivité temporaire ou perpétuelle pour mettre les coupables hors d'état de nuire.

Tel est le but qu'il a poursuivi avec une infatigable persévérance. Il fallait à cette réforme répressive et pénitentiaire une histoire dans l'ordre des faits et une théorie dans l'ordre des principes et des conditions pratiques. Il lui donna sa première histoire en 1830 par son ouvrage en trois volumes sur *Le système pénitentiaire en Europe et aux États-Unis*, auquel l'Académie française décerna en 1830 le grand prix Montyon de 6,000 fr. Six ans plus tard il lui donnait sa première et encore unique théorie à laquelle il dut l'honneur de son élection à l'Institut (Académie des sciences morales et politiques).

C'est de cette année 1836 que date le cinquantenaire académique de M. Charles Lucas, qui s'est accompli en mars 1886.

La Société générale des prisons avait pris, en France, l'initiative de la célébration du cinquantenaire académique de M. Charles Lucas à la séance du 14 avril 1886, dans laquelle le remarquable discours de son honorable Président, M. le sénateur René Bérenger (1), a exposé le développement progressif que la réforme répressive et pénitentiaire avait dû à l'auteur de la *Théorie de l'emprisonnement*. Peu de temps après le Conseil supérieur des prisons s'associait aux appréciations de la Société générale des prisons. Mais ces deux grandes institutions devaient naturellement se renfermer dans la limite de leur spécialité. C'est à l'Académie des sciences morales et politiques qu'il appartenait, en raison de la généralité de sa compétence scientifique, d'apprécier les travaux (2), de M. Charles Lucas en matière de droit criminel et de droit des gens à la fois et de les honorer de la médaille commémorative qu'il doit au vote unanime de la bienveillance et de l'affection de ses confrères.

C'est à ce point de vue que s'est judicieusement placé M. Zeller, Président sortant et qu'en rappelant dans sa savante allocution les trois réformes auxquelles M. Lucas a consacré sa vie, il s'est ainsi exprimé :

CHER ET ÉMINENT CONFRÈRE
ET TRÈS HONORÉ DOYEN DE CETTE ACADÉMIE

Il m'a été réservé comme un dernier honneur et un dernier plaisir parmi ceux que m'a assurés la présidence de l'année 1886 de vous

(1) Voir la page **7**.

(2) Les trois réformes qu'embrassent ces travaux sont relatives à l'abolition de la peine de mort, à la théorie de l'emprisonnement préventif, répressif et pénitentiaire et à la civilisation de la guerre et le principe de légitime défense est appelé à les régir.

remettre la médaille commémorative que vos confrères ont fait frapper pour vous en l'honneur de votre cinquantenaire académique.

Heureusement pour vous et pour moi que des occasions n'ont pas manqué à des personnes plus autorisées et plus compétentes, entre autres à MM. Bérenger et Dufaure, sans parler des étrangers, d'apprécier comme ils le méritent les travaux de toute une vie consacrée au bien et au progrès dans un ordre de faits qui relève bien de l'*Académie des sciences morales et politiques*. Ils ont pu mettre en relief mieux que je n'aurais pu le faire, dans vos écrits comme dans votre pratique constante, l'initiative résolue, l'habileté heureusement distribuée, le caractère vrai et les progrès continus des trois réformes qui attacheront votre nom à l'un des chapitres les plus utiles de l'histoire de la civilisation du XIXe siècle. Vous apparteniez bien à cette génération, pleine de hardiesse et de confiance, du commencement de ce siècle, qui ne reculait pas à s'attaquer aux problèmes sociaux les plus difficiles et les plus délicats quand ils y croyaient voir l'humanité et la civilisation particulièrement intéressées. Sans vouloir entrer dans le détail, d'ailleurs présent à tous les esprits, de vos nombreux écrits et de votre infatigable activité, à réformer la pénalité et à la rendre plus humaine, ce qui me frappe le plus, dans votre œuvre, c'est moins encore la persévérance d'une même conviction dans la propagande des mêmes idées et dans la poursuite du même but, que la méthode presque scientifique, grâce à laquelle, après avoir fixé la fin dernière, vous avez espacé les étapes et sérié les efforts pour y atteindre. N'est-ce pas ainsi que vous avez puissamment contribué à améliorer d'abord le sort des jeunes détenus en les séparant des plus âgés et préparé leur amendement en obtenant la fondation de colonies agricoles et de sociétés de patronages, pour les corriger et prévenir les récidives ; ainsi que, après avoir constaté l'*État du système pénitentiaire en Europe et aux États-Unis*, vous avez, par la séparation et la graduation raisonnée du régime matériel et moral des prisons, selon la culpabilité, la responsabilité et la conduite des prisonniers, fait passer dans la pratique tout un système de répression et de rémunération, d'intimidation et d'amendement destiné à moraliser les prisonniers et les prisons au grand avantage des individus et de la société ; ainsi enfin que le cri généreux que votre jeunesse de vingt-quatre ans avait poussé dans votre livre sur le *Système pénal et répressif et sur la peine de mort*, a, peu à peu, par une propagande raisonnée et par les progrès de la civilisation ou de la pénalité, amené la rareté, tous les jours plus grande et même le commencement de la disparition de ce dernier et terrible terme de la pénalité. Vous avez eu l'élan de la première heure qui imagine et la patience de tous les instants qui réalise ; et vous avez ainsi justement mérité d'être appelé le fondateur de la science pénitentiaire.

Ce sont les progrès accomplis dans cet ordre de vos préoccupations et de vos efforts qui vous ont entraîné à entreprendre, sur un terrain beaucoup plus large et plus scabreux, parce qu'il est politique, de propager, par vos études et vos écrits, l'œuvre bien plus difficile de la *Civilisation de la guerre* et *de l'arbitrage pour le règlement des conflits nationaux*, que poursuit aussi la *Société des Amis de la paix*. Les derniers événements dont votre vie a été témoin ne vous ont pas encouragé à croire prochaine la paix universelle ; vous avez du moins voulu travailler pour l'avenir en travaillant à humaniser la guerre, cette chose inhumaine et en recherchant les moyens de la prévenir. Vos préoccupations sur la légitimité de la défense sociale et nationale y intéressaient naturellement votre intelligence et votre cœur.

Mais, mes chers confrères attendent plutôt de moi que je sois, en vous remettant cette médaille, l'interprète de l'estime profonde et de l'affection sincère que vous ont mérité, à leurs yeux, l'amabilité de vos rapports avec eux et le zèle toujours en éveil et toujours instructif que vous avez apporté à remplir vos devoirs académiques. Cette médaille ne rappelle pas seulement que vous avez appartenu à cette Académie depuis l'année 1836. Elle vous a été offerte surtout parce que vous lui avez donné cinquante années d'une collaboration toujours opportune et infatigable. Il n'est pas une publication, une œuvre importante, française ou étrangère, sur les matières qui relevaient de votre rare compétence, que vous ne nous ayez fait connaître, pas une commission formée ou une discussion engagée, dans cet ordre d'idées, auxquelles vous n'ayez pris une part active ou utile. Vous nous avez montré que les infirmités physiques ne peuvent rien sur une intelligence toujours vivace et sur une ferme volonté qui les brave. Nos comptes rendus, où votre nom revient si souvent, en font foi. On a pu avoir une activité académique semblable à la vôtre ; on ne l'a pas eu plus grande. L'Académie vous a souvent désigné ou suivi avec intérêt et avec fierté quand vous alliez représenter votre science et la nôtre dans des congrès étrangers réunis pour le but que vous avez toujours poursuivi au dehors comme chez nous. Elle était heureuse de vous savoir si souvent consulté chez les nations voisines qui travaillaient, d'après vos idées, à réformer leur pénalité ou leur système pénitentiaire. Vos relations et vos correspondances fréquentes avec les criminalistes et les jurisconsultes les plus en renom avec les Mancini, les Vigliani, les Pessina, dans le pays classique de l'étude du droit criminel, avec les Rœder et les Glaser en Allemagne et en Autriche, tous hommes d'État en même temps que juristes, étaient un honneur pour l'Académie comme pour vous. C'est pourquoi cette médaille n'est pas seulement offerte à vos années, mais à vos mérites académiques. Il ne me reste plus, en vous la remettant, qu'à exprimer le vœu que votre présence soit assurée de longues années encore à nos séances et que vous puissiez assister dans deux ans au cinquantenaire académique auquel un de mes successeurs présidera de ce fauteuil, pour remettre aussi à celui de nos éminents confrères qui vous suit de plus près, une médaille semblable. En rapprochant à cinquante années de distance, l'entrée de celui-ci à l'Académie en 1839, du grand et prochain centenaire de 1889, elle réunira, par une concordance heureuse, une fête académique pour nous à une fête nationale pour tous, comme pour honorer doublement les services rendus par notre second doyen d'âge à la science et au pays. (*Applaudissements.*)

M. Lucas a répondu :

MES CHERS CONFRÈRES,

Je n'ai pas oublié et n'oublierai jamais la date de la séance du 22 mai 1886, à laquelle vous avez voté unanimement, sous la présidence de notre très savant et très honoré confrère, M. Zeller, et sur la proposition de notre illustre secrétaire perpétuel, M. Jules Simon, la médaille que je viens d'avoir l'insigne honneur de recevoir à l'occasion de mon cinquantenaire académique.

Jamais aussi je n'oublierai les affectueuses et trop bienveillantes appréciations qui viennent de rappeler les travaux de ce cinquantenaire.

J'en suis vivement ému et mon émotion vous dit [imieux que je ne pourrais l'exprimer la profonde gratitude dont je suis pénétré en recevant cette médaille que je dois à un vote unanime de votre bienveillance et de votre affection.

Dans le cours de mes écrits, j'ai pris pour épigraphe et pour maxime :

« que lorsqu'on s'occupe de réformes qui touchent au bien public, on
« peut aisément renoncer à des travaux sans récompense, mais non à
« des efforts sans résultats. »

Il ne m'appartient pas d'apprécier si les trois réformes auxquelles j'ai
consacré ma vie dans la faible mesure de mes forces, ont pu devoir
quelques résultats aux constants efforts d'un dévouement dont tout le
mérite a été celui de la persévérance.

Quant aux récompenses, je n'aurais pu en concevoir de plus précieuse
que celle que vous m'accordez ; je n'aurais pas osé y prétendre et j'en
suis à la fois heureux et confus.

Je ne saurais omettre en ce jour de renouveler la chaleureuse expression de mes remerciements à la Société générale des prisons qui, dans
sa séance du 14 avril 1886, a consacré à ce cinquantenaire ses savantes
appréciations, auxquelles le Conseil supérieur des prisons s'est associé
en termes si sympathiques dans sa séance du 22 juin 1886.

Mais vous avez bien voulu, Mes Chers Confrères, consacrer une médaille commémorative à l'ensemble de mes travaux et aux trois réformes
auxquelles ils se rattachent.

C'est un grand honneur dont je conserverai jusqu'à mon dernier jour
le reconnaissant souvenir. *(Applaudissements.)*

La célébration de ce cinquantième anniversaire s'est
terminée par la distribution à tous les membres d'un exem-
plaire de la médaille commémorative frappée à l'effigie de
M. Lucas.

EXTRAIT DU COMPTE RENDU
De l'Académie des Sciences morales et politiques
(INSTITUT DE FRANCE)

Par M. Ch. VERGÉ

Sous la direction de M. le Secrétaire perpétuel de l'Académie.

SÉANCE

DE LA

SOCIÉTÉ GÉNÉRALE DES PRISONS

DU 14 AVRIL 1886

Présidence de M. BÉRENGER, *Sénateur, Président,*
et de M. Charles LUCAS, *membre de l'Institut.*

La séance est ouverte à 4 heures 1/2.

M. LE PRÉSIDENT. — Permettez-moi, Messieurs, en ouvrant la séance, de saluer notre éminent et vénéré doyen, M. Ch. Lucas, qu'une grave maladie a tenu longtemps éloigné de nos séances. Je suis heureux de lui témoigner au nom de la Société générale des Prisons toute la joie que nous éprouvons de le voir revenu à la santé et rendu, avec la même vigueur d'esprit, à ses beaux et utiles travaux.

Nous n'aurions pas laissé passer inaperçu le glorieux cinquantenaire qu'il vient d'accomplir depuis son élection à l'Académie des Sciences morales et politiques. Mais nous nous félicitons de pouvoir le fêter avec lui comme une de ces joies intimes dont chaque membre de la famille se sent à la fois pénétré et honoré.

Il est impossible de se reporter à ce que représente de travaux accomplis, de résultats obtenus, de progrès réalisés, cette période de cinquante années précédée des importantes publications qui déterminèrent le choix de l'Académie en 1836, et entièrement consacrée à l'expansion des mêmes idées, à la poursuite du même but, sans être frappé de ce que peut réaliser et obtenir la persévérance d'une ferme conviction servie par la puissance de la parole et du style. Ce qui caractérise en effet particuliérement l'œuvre si considérable de M. Ch. Lucas, c'en est l'indiscutable et parfaite unité.

Tel il se montrait pour la première fois, à vingt-quatre ans, dans son mémoire *sur le système pénal et répressif en général, et sur la peine de mort en particulier*, couronné à la fois à Genève et à Paris, tel il était dix ans plus tard, avec le développement que l'expérience, l'étude et une plus grande maturité d'esprit avaient apporté à ses idées, dans son beau livre de la *Théorie de l'emprisonnement*, tel il est encore aujourd'hui dans ces savants rapports dans lesquels son active attention, toujours en éveil sur ce qui se fait ou se publie à l'étranger comme chez nous, exerce une critique si autorisée sur les projets ou les écrits de l'heure actuelle.

Toute l'activité de sa nature énergique et expansive s'est portée, dès sa première œuvre, vers le but qu'il s'y était fixé, et il l'a poursuivi depuis et jusqu'à l'heure actuelle, sans se laisser détourner par aucune diversion étrangère, ni ébranler par les obstacles administratifs, ou par les courants momentanés d'opinion, ni entamer par l'ardeur des hostilités. Il y a concentré et absorbé sa vie tout entière.

Aussi avec quelle force n'est-il pas parvenu à saisir l'opinion des idées principales qui occupaient sa pensée : l'abolition de la peine de mort, la réforme pénitentiaire, l'amendement de l'enfance coupable, et quelle action n'a-t-il pas exercée sur les progrès accomplis depuis ! N'est-ce point au mouvement d'opinion provoqué par ses premiers travaux sur la peine de mort qu'a été due, en grande partie, d'abord la réforme généreuse qui en 1832 a réduit à quelques cas sagement limités l'application du dernier supplice, si largement prodigué dans la législation antérieure ; puis, en 1848, son abolition absolue en matière politique ? N'est-ce point de leur retentissement à l'étranger qu'est née l'impulsion de la réforme plus complète réalisée par un certain nombre de législations voisines ?

Ne faut-il point encore attribuer à son active propagande, comme écrivain d'abord, comme inspecteur général des prisons ensuite, le double mouvement qui, au commencement du gouvernement de Juillet, a réformé le mode d'emprisonnement des jeunes détenus, en obtenant leur séparation définitive de la population adulte, et déterminé, avec le concours d'hommes aussi généreux qu'éclairés, la fondation des établissements spéciaux devenus depuis les colonies agricoles actuelles, et l'organisation du patronage de l'enfance ?

N'est-ce point encore la trace de ses idées qu'on peut suivre dans l'application du régime de la séparation aux prévenus, aux condamnés à de courtes peines, aux transférés, — dans la création de ces systèmes divers qui, sous le nom de système progressif, de quartier d'amendement et même de libération conditionnelle, établissent, à côté de la répression, tout un ordre de mesures rémunératoires non moins propres à provoquer l'amendement des détenus que l'action inflictive du châtiment, — et encore dans l'abandon fait par certains États de cette peine de la transportation à la fois si vantée et si critiquée de nos jours ?

Mais c'est principalement dans le développement des principes sur lesquels une réforme rationnelle du régime d'infliction des peines doit reposer que s'est fortement marquée l'empreinte de son vigoureux esprit. Aucun de ses titres à la reconnaissance des hommes de science ou d'humanité n'égale, en effet, celui qu'il s'est acquis par son beau traité sur la *Théorie de l'emprisonnement*.

C'est de ce livre, on peut le dire sans exagération, que date la science pénitentiaire qui depuis a produit tant d'écrivains et d'orateurs éminents.

De quelques idées généreuses soutenues dans des écrits épars ou livrées à des essais partiels d'application, M. Ch. Lucas a su faire un corps de doctrine dont il a condensé les principes, déterminé les règles et arrêté jusqu'aux formules. On a pu et on peut encore contester certaines des applications proposées par l'auteur, on peut notamment critiquer sa conception des limites dans lesquelles doit être, suivant lui, maintenu le système de la séparation individuelle ; ces dissentiments ne peuvent influer sur le jugement à porter sur les bases de la doctrine. Elle est devenue dès son apparition, à l'étranger aussi bien qu'en France, le livre de fonds de toute bibliothèque pénitentiaire. Elle est encore aujourd'hui, après cinquante années écoulées, le document le plus considérable de toute étude sérieuse dans cette matière.

Un si remarquable ensemble de travaux et de services ne pouvait manquer, mon cher collègue, de placer votre nom à la tête de tout ce que l'étude de la réforme pénitentiaire a produit de plus éminent.

Aussi ne sommes-nous nullement surpris, et éprouvons-nous, à raison des liens qui vous unissent à notre Société, une légitime fierté de voir qu'une publication étrangère, la « Revue des Prisons, » si habilement dirigée par le savant Beltrani Scalia, vient de vous décerner l'insigne honneur de vous faire figurer le premier dans la galerie des célébrités pénitentiaires vivantes dont elle entreprend de publier le portrait et la biographie.

Vous nous permettrez de vous rendre un semblable hommage. Ce ne sera qu'un faible témoignage des sentiments de haute estime et de respectueuse affection dont chacun de nous honore votre verte et féconde vieillesse, et dont je vous prie d'agréer, au nom de tous, par ma bouche, la cordiale expression. (*Vifs applaudissements.*) (1).

(1) Extrait du *Bulletin de la Société générale des prisons.*

CONSEIL SUPÉRIEUR DES PRISONS

Session de Juin 1886

A la séance du 22 juin 1886, M. Félix Voisin exprime, à l'occasion du cinquantenaire académique de M. Charles Lucas, « que ce sont ses travaux qui ont inauguré les im-
« portantes réformes apportées dans l'application des
« peines, soit en France soit à l'étranger, et que ce sont
« ses idées, brillamment exposées et défendues, qui ont si
« largement ouvert la voie aux progrès réalisés dans la
« science pénitentiaire.

Ces paroles sont accueillies par l'assentiment unanime du Conseil.

M. Herbette, directeur de l'Administration pénitentiaire, dit qu'il sera heureux de faire connaître à M. Lucas le témoignage de haute sympathie dont il vient d'être l'objet, et auquel l'Administration se fait honneur de s'associer.

*Extrait du procès-verbal du 22 juin 1886 du Conseil supérieur
des Prisons.*

IMPORTANCE DES TROIS RÉFORMES

ET DES RÉSULTATS OBTENUS

Le cinquantenaire académique de M. Lucas, sans précédent encore à l'Académie des Sciences morales et politiques, exigeait un exposé préliminaire pour indiquer à la fois le point de départ et le but de ses travaux. Mais une fois ce devoir accompli, nous devions, avec une respectueuse déférence laisser la parole aux hommes éminents qui, en remontant aux documents officiels, avaient motivé leurs savantes appréciations sur ce cinquantenaire à l'Académie des Sciences morales et politiques, à la Société générale des prisons et au Conseil supérieur des prisons.

Toutefois, à l'égard des trois réformes auxquelles M. Lucas s'est voué avec tant de persévérance, il convient de retracer, dans un coup d'œil rapide, leur importance en général et celle de chacune d'elles en particulier, avec la mention des résultats obtenus.

Des trois réformes auxquelles M. Lucas s'était voué, la dernière, qu'il avait appelée la *Civilisation de la guerre*, ne datait que de ses mémoires célèbres à l'Institut (Académie des sciences morales et politiques) inspirés en 1872-1873 et années suivantes, sous la douloureuse impression de la guerre franco-allemande, par un sentiment patriotique et humanitaire.

Ces mémoires, réunis en un volume, en 1873, sous le titre: *du Droit de légitime défense dans la pénalité et dans la guerre,* avaient pour objet de réagir contre le programme des Sociétés de la Paix qui condamnaient toute guerre comme criminelle. M. Lucas ne flétrissait que la guerre de l'ambition et de la conquête et honorait au contraire celle de la légitime défense du sol de la patrie et de l'indépendance nationale.

Ces mémoires avaient encore et surtout pour but de réagir contre le militarisme et d'opposer à la vieille maxime *si vis pacem, para bellum*, la maxime opposée *si vis pacem, para pacem*.

La civilisation de la guerre était appelée d'abord à prévenir la guerre autant que possible par le recours à l'arbitrage pour le règlement des conflits internationaux et, quand elle n'avait pu être prévenue, à régir les hostilités par le principe de légitime défense.

Il importe de remarquer que la propagande de cette réforme d'une date antérieure à la célèbre conférence de Bruxelles et aux motions d'initiative parlementaire en Angleterre, en Italie, en Belgique, en Hollande et aux États-Unis, en faveur du recours à l'arbitrage pour le réglement des conflits internationaux, n'y fut pas étrangère.

Cette réforme, comme le disait M. Lucas à une récente séance de l'Institut, quoique encore à son début, est déjà au nombre des idées qui s'avouent et même des choses qui se font, ainsi que l'atteste le mémorable arbitrage du pape Léon XIII, qui vient de prévenir une guerre navale entre l'Allemagne et l'Espagne.

C'est à cette réforme qu'est réservé l'avenir, car tous les peuples civilisés, sous l'influence de l'adoucissement des mœurs et du progrès de la raison publique, comprendront qu'ils doivent préférer les décisions équitables du droit juridique aux sanglantes et hasardeuses solutions de la force.

Quant aux deux réformes relatives à l'abolition de la peine de mort et à la théorie de l'emprisonnement préventif, répressif et pénitentiaire, elles appartiennent à toute la durée du cinquantenaire et s'étendent même au delà jusqu'à l'époque de la publication, en 1827, du *système pénal et répressif en général et de la peine de mort en particulier*, couronné dans les deux concours ouverts en 1826 à Genève et à Paris.

A cette époque, la peine de mort était prodiguée dans les codes pénaux de l'Europe ; les condamnations à mort étaient rarement commuées et l'abolition de la peine de mort, de fait ou de droit n'avait pas d'exemple.

Chef reconnu du mouvement abolitionniste dont il avait été le promoteur par ses écrits, M. Lucas lui imprima une impulsion si efficace dans l'ordre des principes et des faits, qu'en France l'exécution des condamnations à mort, qui se trouvait la règle en 1826, était devenue l'exception en 1886. Tandis qu'en 1826 il y avait pour chaque département un exécuteur des hautes œuvres, un seul suffisait en 1886 pour tous les départements réunis.

Enfin au mouvement progressif des commutations de la peine de mort est venu s'ajouter celui de ses abolitions même soit de fait en Belgique et en Italie ; soit de droit dans les trois royaumes de Roumanie, de Portugal et de Hollande, dans plusieurs cantons de la Suisse et même en France, mais en matière politique exclusivement.

En ce qui concerne la réforme répressive et pénitentiaire, les hommes éminents qui ont prononcé leurs appréciations sur les travaux de M. Lucas, en le considérant comme fondateur de la science pénitentiaire, ont une autorité dont nous n'avons pas besoin d'indiquer la valeur.

Ainsi se réalisaient les prévisions des deux jurys de Genève et de Paris, qui avaient prédit que dans l'ouvrage du jeune lauréat « tout présageait l'influence qu'il devait exercer sur la société et sur la législation. »

Pierre BUJON.

ORLÉANS. — IMP. PAUL GIRARDOT

PEDONE-LAURIEL, Libraire-Éditeur

13, rue Soufflot, Paris

DE L'ÉTAT ANORMAL DE LA RÉPRESSION

EN MATIÈRE DE CRIMES CAPITAUX

ET DES MOYENS D'Y REMÉDIER

Par M. Charles Lucas

Membre de l'Institut

(Un volume in-8°, 1885)

Ce volume contient l'énumération analytique des ouvrages précédents de l'auteur, qui tous sont épuisés et en projet de réimpression.

DU MÊME AUTEUR :

LE DROIT DE LÉGITIME DÉFENSE

DANS LA PÉNALITÉ ET DANS LA GUERRE

(Un volume in-8°, 1873)